टीपू का अफसाना

हिम्मत-ए-मर्दां

टीपू का अफसाना

हिम्मत-ए-मर्दां

सम्पादक

फ्रैंक हुज़ूर

राजकमल प्रकाशन

ISBN : 978-81-267-2654-7

मूल्य : ₹ 2000

पहला संस्करण : 2016

प्रकाशक

राजकमल प्रकाशन प्रा. लि.
1-बी, नेताजी सुभाष मार्ग, दरियागंज
नई दिल्ली-110 002

शाखाएँ : अशोक राजपथ, साइंस कॉलेज के सामने, पटना-800 006
पहली मंजिल, दरबारी बिल्डिंग, महात्मा गांधी मार्ग, इलाहाबाद-211 001
36 ए, शेक्सपियर सरणी, कोलकाता-700 017
वेबसाइट : www.rajkamalprakashan.com
ई-मेल : info@rajkamalprakashan.com

मुद्रक

साईं प्रिंटोपैक प्राईवेट लिमिटेड
ए-104/2, फ़ेज़ 2, ओखला इंडस्ट्रियल एरिया, नई दिल्ली - 110 020

टीपू का अफसाना

हिम्मत-ए-मर्दां

मुख्यमंत्री श्री अखिलेश यादव का विकास-मंत्र

उदय प्रताप सिंह

प्रेरक नेतृत्व और उत्तर प्रदेश की बदलती तस्वीर

'चेहरे पर ग़ज़ब का आत्मविश्वास, सौम्यता और सरलता से भरपूर, चर्चित घराने की सन्तान होने और उच्च शिक्षा प्राप्त करने के बावजूद सादगी इतनी कि हाथों में घड़ी या अँगूठियाँ तक नहीं, यहाँ तक कि औरों की कलाइयों पर प्राय: दूर से ही दिखता मोटा कलावा आदि भी नहीं, प्रदेश की पहचान बदलने और उसके विकास के लिए जुझारूपन की हद तक दिन-रात समर्पित-ऐसा प्रतिभावान युवा नेता मैंने अपने लम्बे सामाजिक-आध्यात्मिक जीवन में कभी नहीं देखा।' यह निश्छल टिप्पणी है-सुप्रसिद्ध सन्त और रामकथा मर्मज्ञ मुरारी बापू की, जो मध्य मई, 14 के दौरान लखनऊ में थे और जहाँ अपने-अपने क्षेत्रों की दोनों महान प्रतिभाएँ एक समारोह में मौजूद थीं। उस अवसर पर मुरारी बापू जी रहे हों या श्री अखिलेश यादव, दोनों ही मानो इस हद तक सरलता और सादगी की प्रतिमूर्ति सरीखे लग रहे थे, जिन्हें देखते, समझते कितना भी समय हो, कम पड़ रहा था। हर किसी को गहरे तक प्रभावित करनेवाले ये दुर्लभ क्षण सुप्रसिद्ध शायर और हिन्दी-उर्दू के असाधारण विद्वान अनवर जलालपुरी द्वारा मुख्यमंत्री अखिलेश यादव को उनके आवास पर चर्चित पुस्तक 'उर्दू शायरी में गीता' भेंट किए जाने के अवसर पर साकार हुए थे। उसके बाद के कुछ पलों के दौरान जैसे गहरी ख़ामोशी ही सब कुछ बयाँ कर रही थी-शब्दों की सीमा से परे और पूर्णता में पूरी तरह रची-बसी।

हौसला, पक्का इरादा और मंज़िल का जुनूँ / इनके आगे मुश्किलों का काफ़िला कुछ भी नहीं...सच पूछा जाए तो लक्ष्य के प्रति असाधारण विश्वास बँधाती ये पंक्तियाँ मुख्यमंत्री श्री अखिलेश यादव के प्रेरणाप्रद नेतृत्व और विकास के लिए समर्पित सद्प्रयासों पर पूरी तरह खरी उतरती हैं। विकास की ओर उत्तर प्रदेश के तेज़ी से बढ़ते क़दमों और उसके पीछे मुख्यमंत्री श्री अखिलेश यादव के प्रेरणाप्रद नेतृत्व पर कुछ ऐसी ही टिप्पणी पिछले दिनों पूर्व राष्ट्रपति और महान वैज्ञानिक स्व. अब्दुल कलाम ने भी तिर्वा (कन्नौज) में सौर ऊर्जा प्लांट के शुभारम्भ के अवसर पर की थी। उन्होंने कहा था कि देश की ख़ुशहाली और विकास के लिए उत्तर प्रदेश का विकास अनिवार्य है। यह देश की दूसरी सबसे बड़ी अर्थव्यवस्था है। पर्याप्त प्राकृतिक साधन और दस करोड़ युवाओं के रूप में मौजूद मानव संसाधन इस प्रदेश को विशिष्ट पहचान देते हैं। डॉ. कलाम ने यूपी के विकास और जनता के सशक्तीकरण के लिए मुख्यमंत्री श्री अखिलेश यादव को एक शोधपरक दस्तावेज़ भी उपलब्ध कराया। इसमें उन्होंने कहा है कि लक्ष्य आधारित मिशन के तहत उत्तर प्रदेश का विकास होना चाहिए और इसके दौरान हर ज़िले की ख़ूबियों और सभी क्षेत्रों के सन्तुलित विकास पर ध्यान देना ज़रूरी है। मुख्यमंत्री श्री अखिलेश यादव आज अपने विकास-मंत्र को व्यावहारिक बनाते समय कलाम साहब के इन सुझावों को हमेशा ध्यान में रखते हैं।

मुरारी बापू हों या अब्दुल कलाम-ऐसी महान प्रतिभाएँ जब कुछ कहती हैं तो उनका ठोस धरातल होता है। उनकी टिप्पणियाँ देश और काल की वास्तविक स्थिति बखानती हैं, हमें चतुर्दिक विकास की सम्भावनाओं और उनके क्षमतावान दिशावाहकों से परिचित कराती हैं। उनके बताए रास्ते पर चलने के लिए प्रेरित करती हैं, जनविश्वास को संवर्द्धित करती हैं। ज़ाहिर है कि दशकों से अपने पिछड़ेपन के लिए बदनाम उत्तर प्रदेश को मुख्यमंत्री श्री अखिलेश यादव के रूप में उसका वास्तविक तारणहार मिल चुका है। यह तथ्य औपचारिकता मात्र नहीं है। वर्तमान में रिजर्व बैंक के गवर्नर रघुराम राजन अतीत में जब पूर्व योजना आयोग की उस कमेटी के प्रमुख थे, जिसे पिछड़े राज्यों के विकास के लिए ज़रूरी संसाधनों से सम्बन्धित फ़ैसले लेने थे तो उन्होंने विशेष रूप से कहा था कि मुख्यमंत्री श्री अखिलेश यादव के नेतृत्व में उत्तर प्रदेश का तेज़ी से हो रहा विकास मिसाल है और वह गुजरात जैसे विकसित राज्यों से होड़ कर रहा है।

जनकल्याण और विकास के लिए पिछले तीन वर्षों के शासनकाल में श्री अखिलेश यादव ने मुख्यमंत्री के रूप में इतना कुछ किया है कि सहसा विश्वास नहीं होता कि सीमित संसाधनों में वह छह लेन के आगरा-लखनऊ राजमार्ग, मेट्रो ट्रेन, आई.टी. सिटी और अन्तरराष्ट्रीय स्तर के क्रिकेट स्टेडियम जैसी अनेकानेक महत्त्वपूर्ण विकासपरक योजनाओं को अन्तिम रूप दे रहे हैं। वचन के वह उतने ही पक्के हैं, जितने कि उनके पिता, पूर्व मुख्यमंत्री व सपा के राष्ट्रीय अध्यक्ष श्री मुलायम सिंह यादव। सो चुनाव के समय जनता ख़ासकर युवाओं से किए गए लगभग सभी वायदे श्री अखिलेश यादव ने पूरे किए। हज़ारों कर्मठ हाथों में लैपटॉप पहुँचे, तो ऐसे ही अन्य अनेक हाथों तक बेरोज़गारी भत्ता भी पहुँचा। कन्याधन योजना परवान चढ़ी और ख़ासकर अल्पसंख्यक लड़कियों को विशेष आर्थिक सहायता मिली। जिस तरह से उन्होंने प्रतापगढ़ के दो मेधावी छात्रों को जो धनाभाव के चलते आईआईटी में प्रवेश नहीं ले पा रहे थे, तत्काल आर्थिक सहायता उपलब्ध कराई और सम्मानित किया, उससे उनके गहरे मानवीय सरोकारों की निश्छलता का पता चलता है। करुणा और मानवीय मूल्यों के लिए उनका यह समर्पण यहीं नहीं रुकता और तमाम अन्य क्षेत्रों तक भी पहुँच रहा है, नेतृत्व की ईमानदार कोशिशों के प्रति विश्वास बँधा रहा है।

जिस वैज्ञानिक समाजवादी जीवनदर्शन, गहरे आत्मविश्वास और विनम्रता के श्री अखिलेश यादव धनी हैं, उसके पीछे

मुख्य प्रेरणास्रोत है उनका जमीनी सरोकारों से प्रारम्भ से ही जुड़ा होना। कर्मठता उनकी रगों में कूट-कूटकर भरी है। जो उन्हें नजदीक से जानते हैं, वे यह भी जानते हैं कि भीषण गर्मी में उन्होंने सौ-सौ किमी. तक की साइकिल यात्राएँ की हैं, दूसरों को भी पसीना बहाने के लिए प्रेरित किया है। कहते हैं कि मनुष्य प्रमुख रूप से तीन तरह से सीखता है। अच्छा पढ़ना-लिखना और जागरूकजनों का सान्निध्य उन्हें प्रारम्भ से मिला है। तीसरा है-पर्यटन। जनता से सीधे जुड़ने और उसकी समस्याओं को नजदीक से जानने-समझने के क्रम में उन्होंने अपने परिवेश, उसकी प्राकृतिक सम्पदा के सदुपयोग को भी गहन रूप में जाना-पहचाना है। लम्बी यात्राओं के दौरान वह आज भी राह में पड़नेवाले विभिन्न पेड़ों के नाम और उनके उपयोग पर धाराप्रवाह टिप्पणी करते हैं, स्थानीय लोक-संस्कृति और धरोहरों के योगदान को सराहते नहीं थकते।

एक ओर साधारण से साधारण चीज़ों की गहरी जानकारी और दूसरी ओर समाजवादी विकास व सर्वधर्म समभाव जैसे महान लक्ष्यों में भरपूर विश्वास-सभी मिलकर मुख्यमंत्री श्री अखिलेश यादव में कालजयी जननायक की तेज़ी से उभरती छवि को साकार कर रहे हैं। विशाल जनसंख्या व बढ़ते परिवहन के बीच बड़े पैमाने पर हो रही दुर्घटनाओं का एक कड़वा सच यह भी है कि यदि समय पर उसके शिकार लोगों को इलाज मिल जाए तो लगभग दो-तिहाई ज़िन्दगियों को बचाया जा सकता है। ऐसे में उनके मानवीय सरोकारों ने मुख्यमंत्री को चैन से नहीं बैठने दिया। उनके जनसरोकारों का एक अनुमान इसी से लगाया जा सकता है कि प्रदेश में इन दिनों लगभग तीन दर्जन ज़िलों में ट्रामा सेंटर बन रहे हैं। केन्द्र ने सिर्फ़ एक-तिहाई के लिए आर्थिक सहयोग दिया, मगर मुख्यमंत्री श्री अखिलेश यादव के हौसले हार मानना नहीं जानते। बाक़ी दो-तिहाई ज़िलों में ट्रामा सेंटर उन्होंने प्राथमिकता के आधार पर तत्काल बनाने के आदेश दिए। स्तरीय व सस्ती चिकित्सा-शिक्षा जैसे आधारभूत मुद्दे मुख्यमंत्री श्री अखिलेश यादव की राजनीतिक यात्रा के प्रारम्भ से ही जुड़े रहे हैं, समाजवादी लक्ष्य रहे हैं, सो वे उन्हें कभी नहीं भूलते।

कहते हैं कि चेहरा कभी झूठ नहीं बोलता। श्री अखिलेश यादव के चेहरे पर कभी भी यह सत्य-प्रतिबद्ध सरोकारों, ईमानदार चिन्तन व कार्यशैली के रूप में-पढ़ना कठिन नहीं है। राजनीतिक विरोधी तक उनकी इस निश्छलता और अहंकारशून्यता के क़ायल हैं। उनके नेतृत्व में चल रहे विकास-कार्यों के महत्त्व को स्वीकारते हैं। यहाँ तक कि मीडिया भी उनके चतुर्दिक विकास-कार्यों का क़ायल है। कमाल ख़ान जैसे निष्पक्ष और वरिष्ठ मीडिया विशेषज्ञ ने पिछले दिनों माना कि अखिलेश सरकार के विकास-कार्य ज़मीन पर भी दिखते हैं और विज्ञापनों में भी। ज़ाहिर है कि प्राय: आलोचना के लिए जाना जानेवाला मीडिया भी सच बयाँ करने से ख़ुद को रोक नहीं पा रहा है। चतुर्दिक विकास के लिए समर्पित ईमानदार राजनीतिक इच्छाशक्ति और उसे साकार करने के सद्प्रयास आज उन्हें एक परिपक्व राजनेता के रूप में हमारे सामने प्रस्तुत करते हैं। वह कहते भी हैं-"मैं राजनीति में पाने के लिए नहीं, कुछ करने के लिए आया हूँ। काम के प्रति मेरी निष्ठा में न तो तब कमी थी, न आज है। मैं अपना काम पूरी ईमानदारी से करता हूँ। इसीलिए आधी बाधाएँ तो वैसे ही दूर हो जाती हैं। मेरी नीयत साफ़ है। मैं इसे ऊपरवाले का आशीर्वाद मानता हूँ। जनता से किए गए वायदे पूरे करना मेरा कर्तव्य ही नहीं, राजनीतिक धर्म भी है, जिसे मैं निभा रहा हूँ।"

अपने विरोधियों के प्रति भी श्री अखिलेश यादव के मन में कभी कटुता नहीं दिखती। पिछले दिनों उन्होंने कहा भी कि भले ही केन्द्र में दूसरे दल की सरकार है, विकास के सवाल पर हम उनसे अलग नहीं हैं। वह अपना काम करें और हमें अपना काम करने दें। विकास-कार्यों में बाधा न बनें। इसी तरह, पूर्व मुख्यमंत्री और सपा सरकार की प्रमुख राजनीतिक प्रतिद्वन्द्वी सुश्री मायावती ने पिछले दिनों मुख्यमंत्री श्री अखिलेश यादव की हाल की कुछ विदेश-यात्राओं की आलोचना की तो उनका

मासूम-सा उत्तर था–''मायावती जी को भी ऐसी विदेश-यात्राएँ करनी चाहिए। नेतृत्वकारी भूमिका निभा रहा कोई भी व्यक्ति ऐसी यात्राओं की उपेक्षा नहीं कर सकता, उनसे बहुत कुछ सीख सकता है और उन्हें अपने देश/प्रदेश में ज़मीन पर उतार सकता है।''

इसके बावजूद मुख्यमंत्री श्री अखिलेश यादव के प्रेरक नेतृत्व में तेज़ी से विकास के क़दम बढ़ाता उत्तर प्रदेश सभी समस्याओं से मुक्त हो चुका है, ऐसा वह ख़ुद भी नहीं मानते। वह खुले दिल से स्वीकार करते हैं कि अभी भी दूरदराज के अनेकानेक पिछड़े इलाक़ों में विकास के क़दम पड़ने बाक़ी हैं, अभी भी क़ानून-व्यवस्था के क्षेत्र में बहुत कुछ करना है। यह सही है कि जनसंख्या के अनुपात में आज भी प्रदेश में अपराध-स्थिति विस्फोटक नहीं है, तो भी, यह और अधिक नियंत्रित हो, इस दिशा में मुख्यमंत्री श्री अखिलेश यादव सतत जागरूक हैं। अपराध से जुड़े अन्य सामाजिक-आर्थिक कारणों से उन्मूलन के प्रति भी उनकी नज़र है। सच तो यह है कि जनसरोकारों के प्रति समर्पित एक ईमानदार और जागरूक जननायक ही प्रदेश को वास्तविक विकास व ख़ुशहाली की ओर ले जा सकता है। श्री अखिलेश यादव के रूप में ऐसा प्रेरक नेतृत्व एक सच्चाई है। एक ऐसा महान राजनेता, जिसके नेतृत्व में अब उत्तर प्रदेश के चतुर्दिक ज़मीनी विकास के पीढ़ियों पुराने सपने ही नहीं, गंगा-जमुनी तहज़ीब भी पूरी तरह सुरक्षित हैं। ऐसे में उनके प्रेरक व्यक्तित्व पर ये पंक्तियाँ पूरी तरह प्रासंगिक हैं, जनचेतना की मुखर अभिव्यक्ति सरीखी हैं–*'जिनको आदत है सोने की उपवन की अनुकूल हवा में / उनका अस्थिशेष भी उड़ जाता है, बनकर अक्सर धूल हवा में / लेकिन जो संघर्षों का सुख सिरहाने रखकर सोते हैं / युग के अंगड़ाई लेने पर वे ही पैग़म्बर होते हैं।'*

लोकतांत्रिक मूल्यों से सराबोर है टीपू की पर्सनैलिटी

फ्रैंक हुज़ूर

कार्टून और इलस्ट्रेशन की विधा शायद ही किसी भारतीय सियासतदाँ को उतनी भाती है जितनी कि युवा नायक सोशलिस्ट क्रान्तिकारी और उत्तर प्रदेश के सबसे युवा मुख्यमंत्री अखिलेश यादव को। उनकी शख़्सियत का सबसे ख़ास पहलू यह भी है कि वे अपने ऊपर उकेरी हुई आलोचना से ओत-प्रोत कार्टून को भी ख़ूब सराहते हैं और दिल खोलकर हँसते हैं। कार्टून से बेहद प्रेम करनेवाले वे अपने दौर के सबसे लोकप्रिय नेताओं में तभी तो शुमार होते हैं। भारतीय समाजवाद के आधुनिक महानायक और पूर्व रक्षामंत्री मुलायम सिंह यादव के वे बेटे हैं और उनका अपने वालिद से स्नेहात्मक रिश्ता कितना गहरा है इसका अन्दाज़ा इस बात से भी लगता है कि वे 'नेताजी' पर बने कार्टून और इलस्ट्रेशन को भी बेहद महत्त्व देते हैं। इस ख़ास किताब में मुलायम सिंह पर बनी कृतियाँ एक बेटे के द्वारा पसन्द की गई कृतियाँ भी हैं। वे अक्सर अपने पिता को एक शानदार बेटे के रूप में यादगार उपहार देने में यक़ीन रखते हैं। इस ख़ास किताब की परिकल्पना ख़ुद मुख्यमंत्री अखिलेश की ही है। उन्होंने मुझे उत्साहित किया इस शानदार प्रयास के लिए और शायद यह भारतीय राजनीति में एक नई कलात्मकता को दर्शाता है। कला और साहित्य के हर एक पहलू से टीपू को ख़ास लगाव है। बचपन में उन्हें सबसे पहला नाम टीपू ही दिया गया और आज भी वो सैफई के बुजुर्गों की नज़र में टीपू ही हैं। वही टीपू जो हरदिल अज़ीज़ हैं, क्रान्तिकारी जोश और नई सोच से लबरेज हैं। सोशलिस्ट राजनीति में नए प्रयोग करने के लिए उन्हें जाना जाने लगा है। चाहे वो लैपटॉप और टेबलेट योजना हो जिससे सोलह लाख युवाओं को नई तकनीक से उन्होंने लैस कर दिखाया है, और चाहे एक और शानदार योजना समाजवादी बीमा योजना जिससे क़रीब 15 करोड़ लोगों की ज़िन्दगी में सीधे इमरजेंसी के हालात में फाइनेंसियल सपोर्ट मुहैया कराई जानेवाली है।

कार्टूनिंग क्रिएटिव फ़ील्ड की एक बेहद रोचक विधा है। क्रिएटिविटी के ज़बरदस्त अफ़सानों से भरपूर हर एक कार्टून हज़ारों लफ़्ज़ों की कहानी बयाँ करने की क्षमता रखता है। देश और विदेश के लगभग हर छोटे और बड़े प्रकाशन में छपनेवाले कार्टून, कैरीकेचर और इलस्ट्रेशन पर टीपू की ख़ास नज़र रहती है। वे अपने ऊपर बने कार्टून का ख़ास कलेक्शन अपने मोबाइल फ़ोन में रखते हैं। फ़ुर्सत के पलों में वे अक्सर अपने साथियों से उन कार्टूनों की ख़ूबसूरती और तेज का ज़िक्र लुत्फ़ उठाते हुए करते हैं। लोकतांत्रिक मूल्यों में

रचा-बसा व्यक्ति ही अपने ऊपर कटाक्ष करनेवाली कृति के प्रति भी सकारात्मक बना रह सकता है। यह प्रधान गुण ही टीपू को औरों से बहुत आगे रखता है। देखा जाए तो ऐसे विलक्षण स्वभाव के राजनीतिक व्यक्तित्व भारत या साउथ एशिया में बिरले ही है। आलोचना और व्यंग्य से प्रेम पश्चिम की सियासी संस्कृति में तो मिलता है-मसलन, कार्टून को ख़ास तवज्जो देनेवाली अमरीकी मैगज़ीन 'न्यू योर्कर' या ब्रिटिश पत्रिकाओं में छपनेवाले तीक्ष्ण व्यंग्य से वहाँ के सोशलिस्ट और डेमोक्रेटिक सियासतदानों, जैसे-कैनेडी, चर्चिल, टोनी बेन, बराक ओबामा को वैसी ही मोहब्बत है जैसी भारत के इस युवा नायक और लोकप्रिय समाजवादी सितारे को। लम्बे समय से टीपू के फ़ेसबुक प्रोफ़ाइल पिक्चर भी इनकी ख़ुद की कार्टून छवि ही बनी हुई है। टीपू ने युवाओं से सोशल मीडिया में सीधे संवाद स्थापित कर भारत में डिजिटल डेमोक्रेसी का एक नया अध्याय लिख दिया है। ट्विटर और फ़ेसबुक पर जैसे ही उनसे किसी की मदद की गुहार होती है वे अपनी संवेदनशीलता का बेहतरीन उदहारण पेश करने में सबसे आगे रहते हैं। सरकारी अमला फ़ौरन हरकत में आ जाता है।

यह आधुनिक होते भारत की कहानी है। उत्तर प्रदेश के युवा सोशलिस्ट मुख्यमंत्री को पता चला कि तेरह दिन का एक नवजात बच्चा ज़िन्दगी और मौत के बीच इसलिए जूझ रहा है क्योंकि उसकी भोजन नली और श्वास नली आपस में जुड़ी हुई हैं। बच्चे के माता-पिता की आर्थिक स्थिति ऐसी नहीं थी कि महँगा इलाज करा उसकी जान बचा पाएँ। 1098 चाइल्ड लाइन नम्बर के ज़रिए सूचना मिलते ही अखिलेश यादव ने तत्काल मुख्यमंत्री राहत-कोष से इलाज में ख़र्च होनेवाली राशि जारी करने का आदेश दे दिया। सफलतापूर्वक हुए ऑपरेशन में बच्चे को एक नई ज़िन्दगी मिल गई। भाव-विह्वल माँ ने बच्चे का नाम भी 'अखिलेश' रखा है। युवा सोशलिस्ट अखिलेश की संवेदनशीलता की यह अकेली बानगी नहीं। एक बेहद ग़रीब परिवार में जन्मे तेरह वर्षीय हरेन्द्र चौहान को मुख्यमंत्री ने पढ़ाई-लिखाई के लिए पाँच लाख रुपए की राशि आवंटित कर दी। सुषमा वर्मा ने मात्र पन्द्रह वर्ष की उम्र में अम्बेडकर विश्वविद्यालय की सबसे युवा शोध छात्रा होने का गौरव तो हासिल कर लिया पर आर्थिक स्थिति ने मनोबल तोड़ रखा था। मुख्यमंत्री को ख़बर होते ही सहयोग राशि सुषमा तक पहुँच गई। पिछले दिनों सूबे की राजधानी में एक शर्मनाक घटना घटी। पैंसठ वर्षीय कृष्ण कुमार जो टाइपराइटिंग के ज़रिए सम्मानपूर्वक अपना पेट, परिवार चलाते थे; एक उद्दंड और मनबढ़ू कॉन्स्टेबल की बर्बरता का शिकार हुए। उसने न सिर्फ़ वृद्ध के साथ सरेआम मारपीट और बदसलूकी की बल्कि उनकी रोज़ी-रोटी का एकमात्र जरिया रही टाइपराइटर मशीन को भी तोड़ डाला। मुख्यमंत्री तक जब यह ख़बर पहुँची तो उन्होंने तत्काल कॉन्स्टेबल पर कड़ी अनुशासनात्मक कार्यवाई का निर्देश देते हुए कृष्ण कुमार के पास आला अधिकारियों को क्षमा-याचना और नई टाइपराइटर मशीन के साथ भेजा।

रचना-प्रक्रिया में रचना से रचना के साथ आसक्ति और विरक्ति को साध लेनेवाला साधक ही रचना के प्रति सबसे ज़्यादा न्यायपूर्ण हो पाता हैं। नकारात्मकता में आकंठ डूबे हुए राजनीतिक माहौल में भी सकारात्मकता का समानान्तर अध्याय जोड़ते चले जाना भारतीय सियासत के लिए अखिलेश का विशिष्ट योगदान है। ख़ुद को विरक्त होकर देखने की विलक्षण अवस्था ही किसी व्यक्ति के युग पुरुष में तब्दील होते जाने की कुंजी होती है। रचनाकार रचना के दौरान ही अपनी रचना से विरक्त होने की भी कुशलता रखता हो तभी उसकी रचना देशकाल और परिस्थिति के बन्धनों से मुक्त हो पाती है। नीत नई उपलब्धियों को साक्षात् करते जाते टीपू ऐसे ही ख़ास व्यक्तित्व हैं।

AKHILESH
MEDIA

उ०प्र०
सैफई महोत्सव में सरकार ने करोड़ों फूंके ..
देखिए, दंगों से दुखी होकर हम डिप्रेशन में आ गए थे, इसीलिए डॉक्टरी सलाह पर थोड़ा मनोरंजन..!

ठंड से कोई नहीं मरता ▫ गृह सचिव उ०प्र०
आपने ठीक कहा सर, ये कहते हैं इन्हें तो भूख, बेरोजगारी और महंगाई मारे जा रही है!

GIVE US A HAND IN UP
MODI, COME!

‘हवा’ का रुख बदलना

JAISA BAAP VAISA BETA...
DAD, I ALSO LEARNT WHERE TO TAKE A U-TURN
Akhilesh withdrew car gift offer to MLAs

विकास पथ

POLITICS IN 'UP'

UP1

UP2
BSP

SECULAR RIDE

BHAIYA-JEE.. SOME POLICE MEN ARE TRYING TO TAKE OUR PLACE..
U.P

MAKING A POINT

An Unsuccessful Attempt

MODI DIGS IN UP....

IT SAYS, REMOVING THIS STATUE WILL RESULT IN MASSIVE EARTHQUAKE!
REMOVING MULAYAM SINGH'S WALLPAPER CRASHES LAPTOP.
BEHANJI
sify.com
© SATISH ACHARYA

A LICK FOR AKHIL!
Amul
SON-RISE SNACK

IN U.P., DEMOLISHING THE WALL OF A MOSQUE IS A PUNISHABLE CRIME!
TV
WHY DID I PUNISH DURGA?
© SATISH ACHARYA

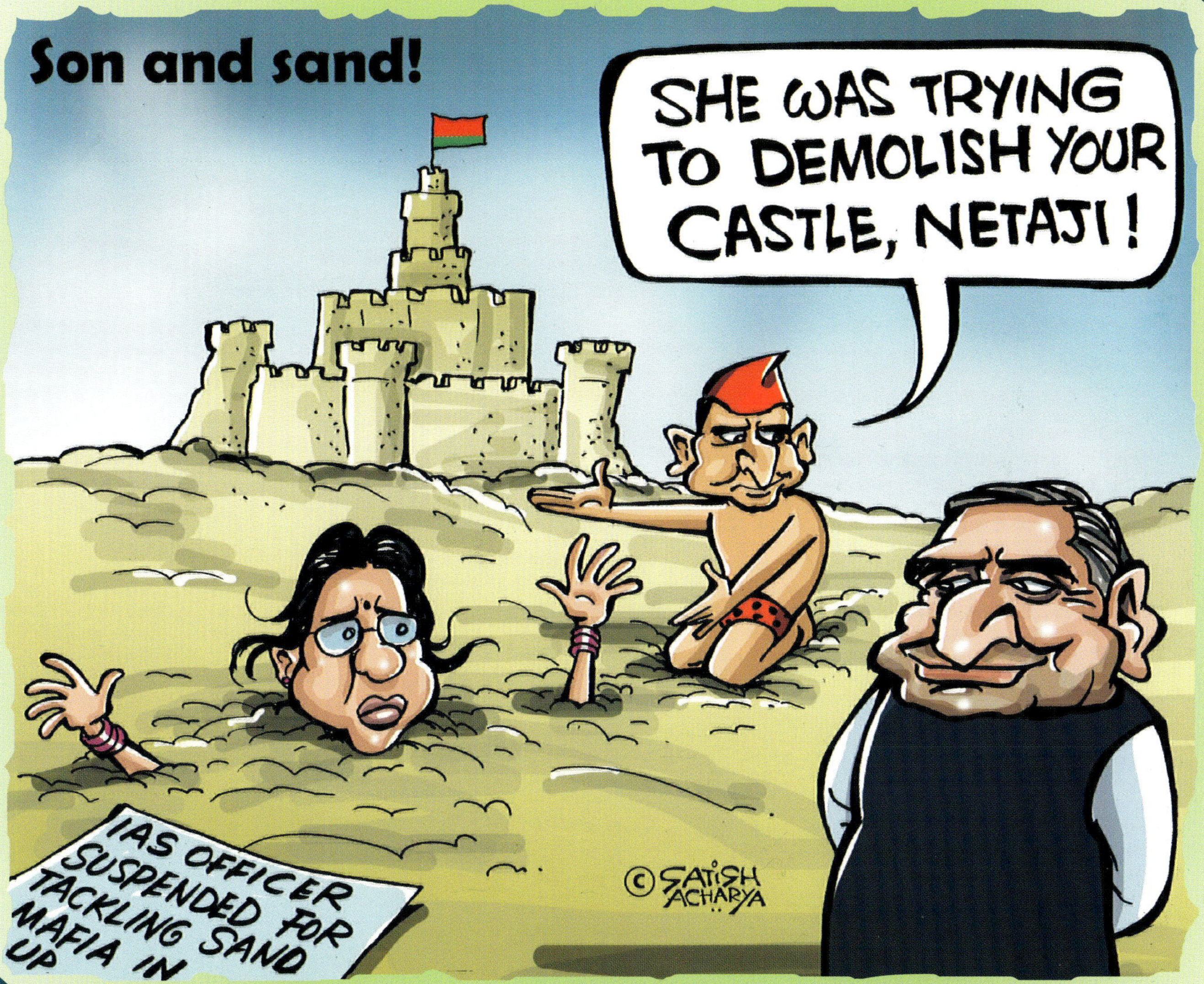

Son and sand!
SHE WAS TRYING TO DEMOLISH YOUR CASTLE, NETAJI!
IAS OFFICER SUSPENDED FOR TACKLING SAND MAFIA IN UP
© SATISH ACHARYA

DURGA AND BHASMASUR

SAND-WADI PARTY

LAW & ORDER CRISIS
MAFIA
MADAM, YOUR TIME'S UP!
OUTRAGE OVER UP IAS OFFICER SUSPEN
{SANDS OF TIME} > {SANDS OF CRIME}

STUBBORN KID

यू पी सपा सरकार
आजम
शिवपाल
यादव

UP
HOOLIGANISM
Akhilesh sworn as new CM for UP

A 'SECULAR' PARIKRAMA

APPEASING THE WRONGS

RELIGION Vs POLITICS

COVERING CAP

QUOTA
POLLS

UP POLLS
Exit polls predict gains for SP

PAPA KEHTE HAIN...
BADA NAAM KAREGA...
BETA HAMARA AISA...
KAAM KAREGA......
- SUDHI -

U.P.
U.P.
U.P.
BANANA REPUBLIC
RAJA BHAIYA!
DSP MURDER
CBI
BE TOUGH, NOT MULAYAM!

STATUE!
SP
GOONDAISM
?!?
AKHILESH TO BE U.P.'s YOUNGEST CM!
BETTER THAN THE EARLIER STATUES!

' पुत्तर प्रदेश '
मुख्यमंत्री
www.khalipeelli.com

CYCLESH
YADAV

CARTOONPOST SUDHEER NATH

-SUDHI-

AKHILESH DISTRIBUTES LAPTOPS

राजस्व
लेपटॉप
वितरण
यादव

SIR,NOW THEY ARE ASKING FOR FREE WI-FI INTERNET CONNECTIONS !
Akhilesh Yadav launches free laptop scheme for students
Hari Krishna

LAPTOP!
HAPPY BIRTHDAY TO ME... ♫
AKHILESH'S GOVT FIRST YEAR
© SATISH ACHARYA

BURNING CHAIR

Sir,he is creating a blog against you
with the free laptop given by you !
Hari Krishna

GOVT.1
GOVT.2
UP

SON, DO PRACTICAL
HOW TO CONTROL RIOTS
LAW N ORDER
© santabanta.com

MUZAFFARNAGAR
COMMUNAL POLITICS
_@wijith

SC
1st
RIOTS
1
2
UP
3

RIOTS TOURISM

NAYA SAMAJWAD

MUZAFFARNAGAR
SP'S NATIONAL EXECUTIVE MEET AT AGRA.
© SATISH ACHARYA

DAD...!!
THIS ROAD IS UNSAFE FOR CYCLE RIDE
MUZAFFAR NAGAR

YADAV

MAX

बिजली
पानी
सूखा
किसानों पर कर्ज